FAIRBAIRN'S BOOK OF CRESTS OF THE FAMILIES OF GREAT BRITAIN AND IRELAND

VOL·II·

CLEARFIELD

Reprinted as 2-volume set for
Clearfield Company by
Genealogical Publishing Co.
Baltimore, Maryland
2008

Volume II ISBN-13: 978-0-8063-5383-8
Volume II ISBN-10: 0-8063-5383-X
Set ISBN-13: 978-0-8063-0107-5
Set ISBN-10: 0-8063-0107-4

Reprint of the Fourth Edition,
London, 1905.
Reprinted, two volumes in one, by
Genealogical Publishing Co., Inc.
Baltimore, Maryland, 1983, 1993.
Library of Congress Catalogue Card Number 68-18941

PLATE 1

PLATE 2

PLATE 4.

PLATE 5

PLATE 6

PLATE 8

PLATE 9

PLATE 10

PLATE II

PLATE 12

PLATE 13

PLATE 14

PLATE 15

PLATE 16

PLATE 17

PLATE 18

PLATE 19

PLATE 20

PLATE 21

PLATE 22

PLATE 23

PLATE 24

PLATE 25

PLATE 26

PLATE 27

PLATE 28

PLATE 29

PLATE 31

PLATE 32

PLATE 33

PLATE 34.

PLATE 35

PLATE 36

PLATE 37

PLATE 38

PLATE 39

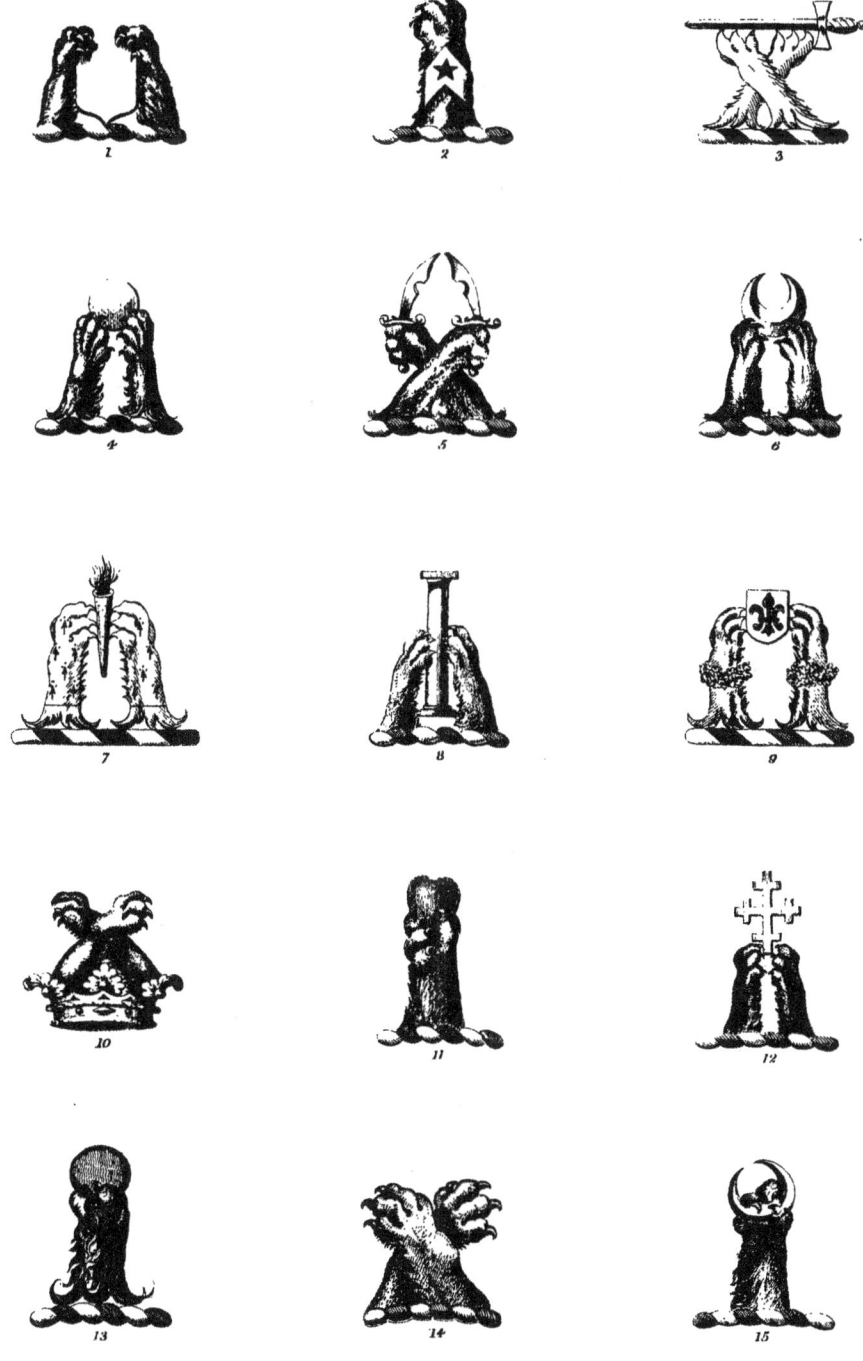

PLATE 40

PLATE 41

PLATE 42

PLATE 43

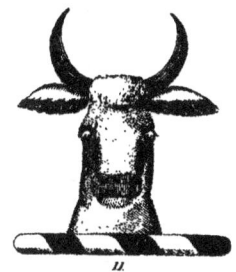

PLATE 44

PLATE 45

PLATE 46

1

2

3

4

5

6

7

8

9

10

11

12

PLATE 47

PLATE 48

PLATE 49

PLATE 51

PLATE 52

PLATE 53

PLATE 54

PLATE 55

PLATE 56

PLATE 57

PLATE 58

PLATE 59

PLATE 60

PLATE 61

PLATE 62

PLATE 63

PLATE 64

PLATE 65

PLATE 66

PLATE 67

PLATE 68

PLATE 69

PLATE 70

PLATE 71

PLATE 72

PLATE 73

PLATE 74

PLATE 75

PLATE 76

PLATE 77

PLATE 78

PLATE 79

PLATE 80

PLATE 81.

PLATE 82

PLATE 83

PLATE 84

PLATE 85

PLATE 86

PLATE 87

PLATE 88

PLATE 89

PLATE 90

PLATE 91

PLATE 92

PLATE 93

PLATE 94

PLATE 95

PLATE 96

PLATE 97

PLATE 98

PLATE 99

PLATE 100

PLATE 101

PLATE 102

1

2

3

4

5

6

7

8

9

10

11

12

PLATE 103

PLATE 104

PLATE 105

PLATE 106

PLATE 107

PLATE 108

PLATE 109

PLATE III

PLATE 112

PLATE 113

PLATE 114

PLATE 115

PLATE 116

PLATE 117

PLATE 118

PLATE 119

PLATE 120

PLATE 121

PLATE 122

PLATE 123

PLATE 124

PLATE 125

PLATE 126

PLATE 127

PLATE 128

PLATE 129

PLATE 130

PLATE 131

PLATE 132

PLATE 133

PLATE 134.

PLATE 135

PLATE 135

PLATE 137

PLATE 138

1

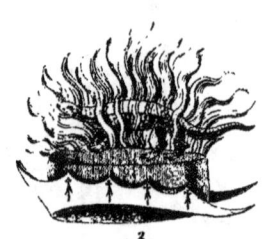
2

3

4

5

6

7

8

9

10

11

12

PLATE 139

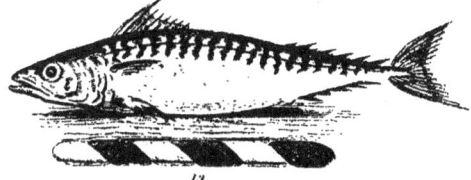

PLATE 140

PLATE 141

PLATE 142

PLATE 143

PLATE 144.

PLATE 145

PLATE 146

PLATE 147

PLATE 148

1

2

3

4

5

6

7

8

9

10

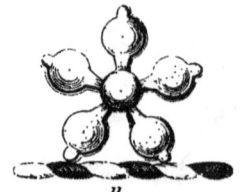
11

12

PLATE 149

PLATE 150

PLATE 151

PLATE 152

PLATE 153

PLATE 154

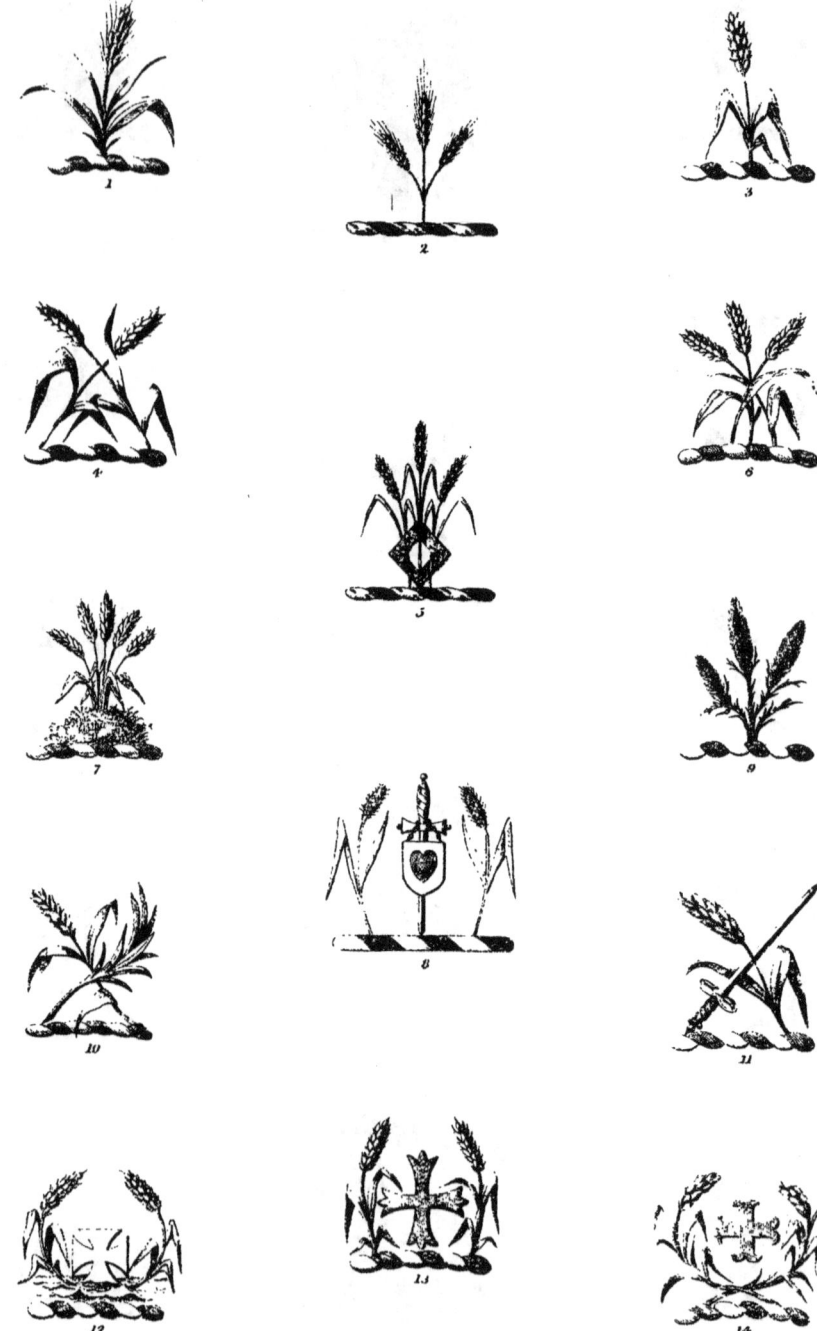

PLATE 155

PLATE 156

PLATE 157

PLATE 158

PLATE 159

PLATE 160

PLATE 161

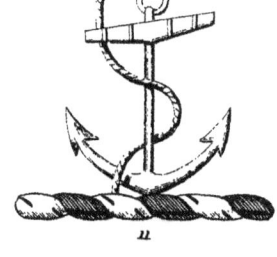

PLATE 162

PLATE 163

PLATE 164

PLATE 165

PLATE 166

PLATE 167

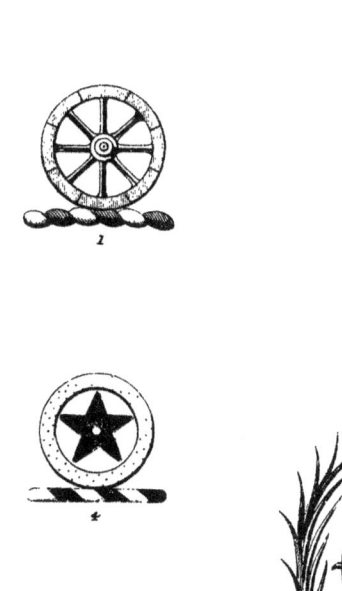

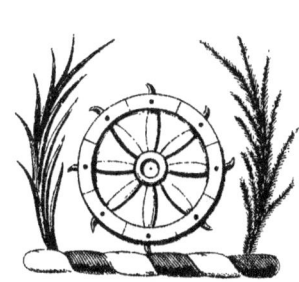

PLATE 168

PLATE 169

1

2

3

4

5

6

7

8

9

10

11

12

PLATE 170

PLATE 171

PLATE 172

PLATE 173

PLATE 174.

PLATE 175

PLATE 176

PLATE 177

PLATE 178

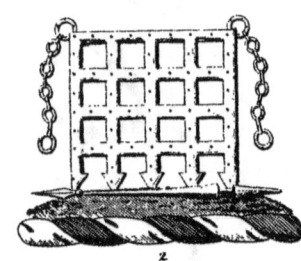
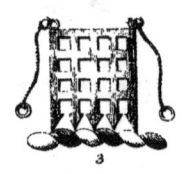

PLATE 179

PLATE 180

PLATE 181

PLATE 182

PLATE 183

PLATE 184

PLATE 185

PLATE 186

PLATE 187

PLATE 188

PLATE 189

PLATE 190

PLATE 191

PLATE 192

PLATE 193

PLATE 194.

PLATE 195

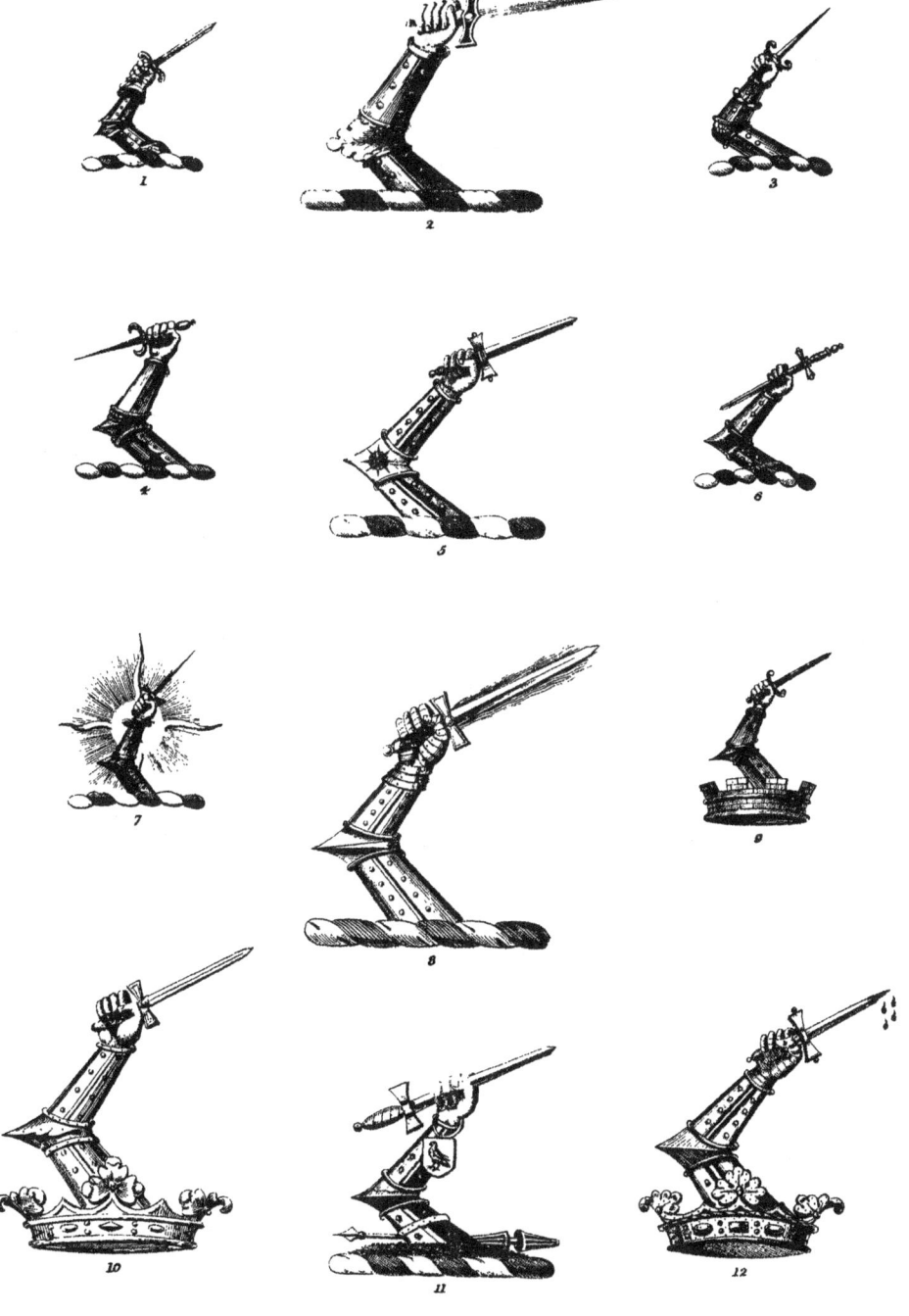

PLATE 196

PLATE 197

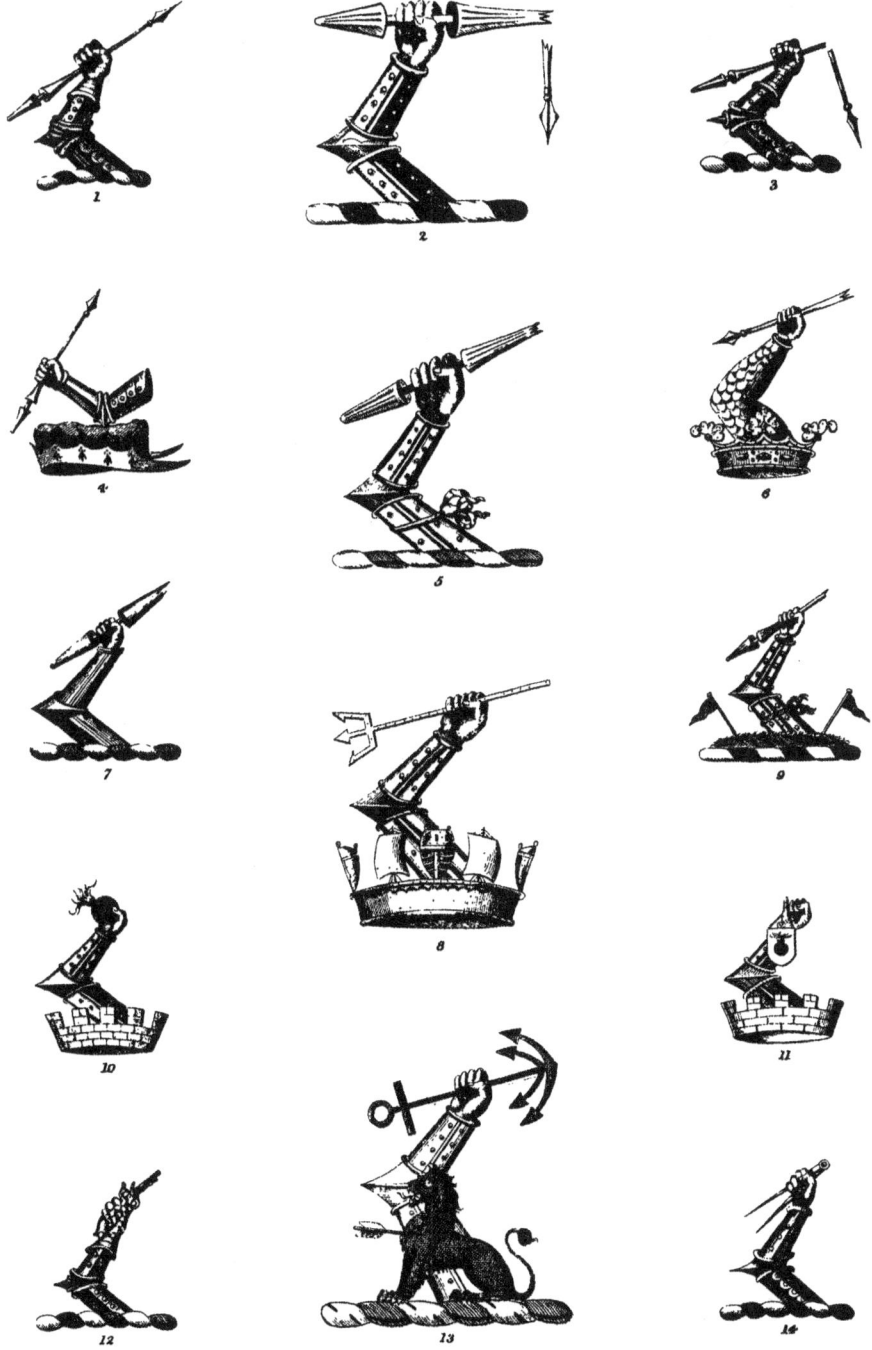

PLATE 198

PLATE 199

PLATE 200

PLATE 201

PLATE 202

PLATE 203

PLATE 204.

PLATE 205

PLATE 206

PLATE 207

PLATE 208

PLATE 209

PLATE 210

PLATE 211

PLATE 212

PLATE 213

PLATE 214

PLATE 215

PLATE 216

PLATE 217

PLATE 218

PLATE 219

PLATE 220

PLATE 221

PLATE 222

PLATE 223

PLATE 224

PLATE 225

PLATE 226

PLATE 227

PLATE 228

PLATE 229

PLATE 230

PLATE 231

PLATE 233

 1.
 2.
 3.
 4.
 5.
 6.
 7.
 8.
 9.
 10.
 11.
 12.
 13.
 14.
 15.
 16.

PLATE 235

PLATE 236

PLATE 237

PLATE 238

PLATE 239

PLATE 240

PLATE 241

PLATE 242

1

2

3

4

5

6

7

8

9

PLATE 243

PLATE 244

PLATE 245

PLATE 247

PLATE 248

1

2

3

4

5

6

7

8

9

PLATE 249

PLATE 250

PLATE 251

PLATE 252

PLATE 253

PLATE 254.

PLATE 255

PLATE 256

PLATE 257

PLATE 258

PLATE 259

PLATE 260

PLATE 261

PLATE 262

PLATE 263

PLATE 264

PLATE 265

1.

2.

3.

4.

5.

6.

7.

8.

9.

10.

11.

12.

13.

14.

15.

16.

PLATE 266

PLATE 267

PLATE 268

1

2

3

4

5

6

7

8

9

10

11

12

13

14

15

16

PLATE 269

PLATE 210

PLATE 271

PLATE 273

PLATE 274.

PLATE 275

PLATE 276

PLATE 277

PLATE 279

PLATE 280

PLATE 281

PLATE 283

PLATE 285

PLATE 287

PLATE 288

PLATE 289

PLATE 290

PLATE 291

PLATE 293

PLATE 295

PLATE 296

PLATE 296

PLATE 299

PLATE 300

PLATE 301

PLATE 302

PLATE 303

PLATE 304.

PLATE 305

PLATE 306

PLATE 307

PLATE 308

PLATE 309

PLATE 311

PLATE 312

PLATE 313

PLATE 314

www.ingramcontent.com/pod-product-compliance
Lightning Source LLC
Chambersburg PA
CBHW070350290426
43981CB00013B/43